JN437132

# 내 인생 정면 돌파

정학산 제2시집

을지출판공사

■ 서문

# 자신의 이미지 시심을 시로 승화시킨 인간 승리자
## ―정학산 시인의 두 번째 시집 발간을 축하하며

최 양 희
〈(사) 한내문학 이사장〉

### 1. 타고난 초능력을 시상으로 불태운 시성

정학산 시인은 작년 〈행복한 어느 노인〉이란 처녀시집 출간에 이어, 이번에도 정말 멋지게 〈내 인생 정면 돌파〉라는 두 번째 시집을 출간한다.

정말 대단한 열정이다. 무에서 유를 창조해 낸 시인, 타고난 초능력을 시상으로 불태운 시성이다. 이 얼마나 자랑스럽고도 위대한 인간 승리자인가.

정학산 시인의 삶과 영혼이 빛나는 시를 우리 모두 다 함께 이해하고자 하는 마음으로 필자는 붓을 잡는다.

> 본인의 나이는 74세/ 기구한 나의 인생사를/ 조심스레 풀어내기로 결심합니다//
> 각박한 현실과 사회는/ 여러모로 복잡하고 힘들지만/ 허나 나는 강한 정신력 소유잡니다//

괴팍한 성격 탓도 있지만/ 후세의 모든 독자를 위하여/ 글
쓰는데 온갖 시상에 몰입합니다//
고비고비 한 맺힌 나의 운명/ 두 번째 빛나는 세상 향하여/
내 인생 정면 돌파에 촛불 밝힙니다.

– 〈내 인생 정면 돌파〉 전문

그렇다.

그러니까, 위 시는 시인의 그 정서 그대로 토해 냈음을 우리는 쉽게 시를 이해할 수 있을 것이다. 시처럼 시인의 운명 그 자체가 고비고비 한 맺힌 운명이었기에 기암절벽에서도 떨어지지 않고 다시 도전한 시인이면서, 지옥과 천국 사이를 넘나드는 숙명적인 시인이다.

## 2. 새로운 길을 열어 가고 있는 시인!

사정없이 아린 나의 심장을/ 뼛속까지 파고들다가//
운명 앞에 불복하면서/ 우리 아들 비극으로 끝났다네.

–〈천둥소리 (3)〉 부분

정학산 시인은 부잣집 아버지의 첩인 어머니와 일찍 사별하는 날부터 불행이 시작됐다는데, 그는 또 한 번 주체할

수 없는 엄청난 암흑세계가 시인을 덮쳐 버린다.

〈천둥소리 (1~6)〉의 시를 보더라도 어느 정도는 짐작할 수 있다. 하여간 아들 잃은 아픔을 '천둥소리' 에서 알 것 같다. 하늘이 갈라지고 땅이 무너지고 천지가 진동하는 자신의 피맺힌 절규! 절규하는 목소리를 시로 그려 냈다.

> 늙었으면 어떠랴/ 야밤이면 어떠랴/ 새벽닭 울면 어떠랴//
> 아무도 하지 않는/ 특별한 나의 길/ 끝까지 달려가다가//
> 자빠지면 또 어떠랴!/ 내가 가는 이 길은/ 즐거움 그 자체인데.
>
> —〈자빠지면 또 어떠랴!〉 전문

사람들이 살아가는 데는 여러 갈래 길이 있다.

눈길, 바른길, 터널길, 뱃길, 지옥길, 행복길 등등……

'아무도 하지 않는, 특별한 나의 길, 끝까지 달려가다가' 마지막 절규에서는, '자빠지면 또 어떠랴!' 하고 이렇게 '자신의 길' 에서도 시인의 에너지를 재발견하게 된다.

시인의 기막힌 팔자, 우여곡절을 잘 넘기면서 다시 오뚝이 인생처럼 "내 인생 정면 돌파"로 새로운 길을 열어 가고 있는 시인이다.

…… (上略) ……

남은 수액 뽑아내/ 귀중한 그곳에는
꼭 쓸데가 있으니/ 이 고목 또한
크고 좋은 일에/ 꼭 필요할 때가 있겠지.

—〈남은 수액〉 부분

그렇다.

저자 정학산 시인은 인생사 그 자체가 끝없는 고통이지만 이 모든 것을 정신력으로 극복하였다.

그리고 시인은 평생소원이었던 영적 시세계에 몰입하면서 순수한 자신의 시심 이미지를 창조해 낸 격조 높은 인간 승리자라는 점을, 이 세상 모든 분들께 각인시켜 주고 싶은 마음 간절하다.

필자는 그의 〈내 인생 정면 돌파〉 시집 출간을 다시 한번 진심의 축하 꽃다발을 한 아름 안겨 드린다.

■ 시인의 말

# 내 인생 최고인 시인의 길을 가며

하느님께 드리는 말씀
　세상 모든 만물을 창조하신 하느님께서
　제에게 긴 고통바다를 걸으라 하셨음을
　진즉 알아차리지 못한 이 못난 죄인은
　노인이 된 후에야 조금씩 깨닫게 됐는데
　그동안 하느님 원망했던 일을 후회하면서
　하느님! 이 죄인을 용서하소서! 하고 빕니다.
　아 멘!

여러분들께 드리는 말씀
　저는 지금 막 성공의 문 앞에 섰는데
　그동안 너무 어둔 길에서 벗어나면서
　이젠 나의 공장에 수많은 일감이 몰려
　밤낮 가리지 않고 일하는 그 즐거움과
　그리고 어릴 때부터 평생 꿈을 꾸면서
　내 인생 최고 으뜸인 시인의 길을 가며
　부족하나마 '두 번째 시집' 을 펴냅니다.

2016년 초여름

정학산

Contents

# 차 례



## 제 1 부 내 인생 정면 돌파

## 제 2 부 나의 별은 먼 하늘에

Contents

## 제 3 부 남은 수액

## 제 4 부 시인이 으뜸이다

Contents

## 제 5 부 자빠지면 또 어떠랴!

## 제 1 부

# 내 인생 정면 돌파

*고비고비 한 맺힌 나의 운명*
*두 번째 빛나는 세상 향하여*
*내 인생 정면 돌파에 촛불 밝힙니다.*

# 내 인생 정면 돌파

본인의 나이는 74세
기구한 나의 인생사를
조심스레 풀어내기로 결심합니다

각박한 현실과 사회는
여러모로 복잡하고 힘들지만
허나 나는 강한 정신력 소유잡니다

괴팍한 성격 탓도 있지만
후세의 모든 독자를 위하여
글 쓰는데 온갖 시상에 몰입합니다

고비고비 한 맺힌 나의 운명
두 번째 빛나는 세상 향하여
내 인생 정면 돌파에 촛불 밝힙니다.

## 귀한 시인 되려면

귀한 글 쓰려면
귀한 보석 만들 듯
갈고 닦고 수천 번
연마하고 생각하면서

귀한 시인 되려면
빛나는 진주알 깨듯
이 정도의 상처는
견딜 수 있어야 되겠지……

# 백전노장

여보 게 친우야!
백전노장이란 그 말
들어 보신 적 있는가

자네 말일세
내가 바로 백전노장
내가 바로 그런 사람일세

과거에 실패하여
모든 것이 끝났다고
문 닫고 좌절했었지만

그러나 내 팔자는
할 일이 너무 많아
다시금 정신 차리고
다시 솟는 백전노장일세.

# 새날을 위한 시간

새날을 밝혀 주는
태양도 있고
하루를 끝마치려는
석양도 있듯

인간 세상 사는 곳에
희망과 좌절이
공존한다는 사실을
우리 모두가 아는 사실

슬픈 사연 있으면
기쁨도 따라오는데
괴로운 사연 멀리 하면서
새날을 위한 시간에 충실해야지.

# 사계절 색상들

봄이 오면
온 만물이 요동치며
파란 새싹들 세상이며

여름이 오면
온 계곡과 바닷가에
남녀노소가 옷 벗은 모습

가을이 오면
누군가가 그려 놓은
붉은 색상들이 물결치면서

겨울이 오면
또 새봄을 기다리며
하얀 눈길에 서성이는 사람들.

# 희망의 새 노래

바람 부는 해안 언덕
어느 따뜻한 봄날
파란 새싹 움트려는
행복한 어느 노인

가슴속 깊은 곳에
아무도 움트지 못할
연둣빛 새순 키우며
조용히 노래하노라

앞날을 위한
희망의 새 노래를……

# 떠나가신 우리 님

어린 시절
울 엄마 품속에서
남들처럼 사랑받고 싶었지

그러나 불초소생을 두고
일찍 떠나가신 우리 님
무정하게 나를 버린 우리 님

먼 하늘로 떠나가신
울 엄마 볼 수 없지만

지금 와서 외치며
죽도록 사랑한들
무슨 소용이 있으리까……

# 문풍지 소리

파르르 파르르
떨려오는 문풍지 울음

듣기가 너무나
마음이 아리고 쓰려

귀를 막고 돌아누워도
더욱더 들려오는데

계절이 지나가고
또 지나간 먼 훗날에

마음속에 들어박힌
저 울음소리 지울 수 있을까……

# 단둘이 걷고 싶었지

둥실둥실 흰 구름
평화로운 저 들녘
아름다운 대자연 속
가뿐히 날갯짓하는
행복한 벌 나비처럼
행복한 세상 꿈꾸며
우리 님과 단둘이 걷고 싶었지.

# 진귀한 보물

나에게 가장 절실하고
무엇보다도 가장 고귀한

"행복한 어느 노인"이란
나의 처녀시집이 탄생하면서

영롱한 빛을 품기 시작하여
세상 곳곳을 비춰 주고 있는데

이 얼마나 깊은 사연인지
그 얼마나 벅찬 행복인지

이 세상 그 어떠한 보물과
어찌 비교나 되오리까……

* "행복한 어느 노인"이란 나의 처녀시집 3,000부 출간했는데,
현재 2,600부가 팔렸고 약 350부 정도 남아 있음.

# 옛 여인

지나간 그 옛날 나의 옛 여인이
나의 귓전에 속삭이던 말 중에

누구든 당신께 도전한다면
무쇠 덩어리로 부서져 버릴 거라고!

아들자식 하늘로 보내고 보니
그 말이 현실로 닥쳐올 줄이야
이제야 비로소 알게 되었네

너무도 집념이 강한 나이였기에
지나가 버렸던 나의 옛 여인
사랑스런 속삭임이 생생하다네.

# 가을 단풍

나와 내가 동행하며
나와 네가 끊을 수 없는
공장에서 같이 사는 나의 기계들

답답한 나의 공장에 울긋불긋
요리조리 짜 맞추는 천막들과
외로운 가을산행 떠나 본다네.

# 고령화 사회

성인도 여세출이라
현세는 100세 시대
지금 내가 살게 된 것도
크나큰 행운이겠지

아직 또 한 번
기회가 남아 있기에
과거지사 모두 잊고
하늘 향해 재도전

한평생 터득한 노하우
아직도 수많은 날을 위해
나의 깊은 진정한 뜻
다시 찾아올 수 있겠지.

# 나의 인생

살기 좋은 지상에
인간으로 태어나서
곡예 속에 비행하며
나름대로 살아온 인간사

나에게 특별한
비운으로 헤매면서
둘레둘레 기우뚱
지친 듯이 살고 있지만

하지만 나의 인생
구슬 같은 정면 돌파
만인들의 기립 박수
그때는 천지가 요동치겠지.

# 오성(五星) 별 (1)

까맣게 타 들어가는
아주 깊은 야밤에
오성 별이 붙어 있는
커다란 표지를 보았는데

아아! 이것이 바로
날 살려 내는 명약
야광처럼 아름다운
기적 같은 희망의 횃불.

# 나의 기계 소리 (1)

사정없이 내리치는
나의 기계 소리가
예전엔 자르륵~ 자르륵~
예쁜 곡조 되어서
신이 나고 흥에 겨워
잘도 돌아갔는데

너의 주인이 어느 날
귀중한 보배 보낸 후에는
엉! 엉! 힘없이 흐느끼고
칭얼대며 겨우 돌아갔는데

우리 할배 마음 바꾸며
정면 돌파 마음 굳히니
다시금 나의 기계 소리
폭포수 소리로 바뀌지며
싹~악 싸~악 줄기차게
거침없이 내리쏟는구나.

# 나의 기계 소리 (2)

할배 위한 우리 기계
머나먼 길 떠나 버린
옛 주인님이 그리워
쓸쓸하게 기다린 후

묵묵하게 인내하여
하루라도 쉬지 않고
할배님 의지 살리며
고맙게 지켜 낼 거야.

* 옛 주인 : 세상을 하직한 우리 아들.
* 우리 기계 : 나의 공장에 있는 내 기계.

제 2 부

# 나의 별은 먼 하늘에

*그곳에서 편안히 잘살 거라!*
*너 보고 싶은 마음 생겨나면*
*먼 하늘 바라보며 눈물 지으리……*

# 나의 별은 먼 하늘로 (1)

내 영혼과 육신
아니 내 모든 것들이
떠나 버리던 그날

높고 높았던
파란 하늘의 별빛과
둥실 떠 있는 달도 보았는데

어인 일인지
모든 별과 하늘까지도
노오란 색깔로 변해 버렸는데

세상 모든 것들이
이렇게도 쉽게
변해 버릴 줄이야.

# 나의 별은 먼 하늘로 (2)

지구 속이 비좁아서
우주 속에 날아가 버린
나의 별은 먼 하늘로 떠나갔으니

인정사정 보지 않고
온 가족에게 멍에만 남겨 놓은 채
너 혼자 넓은 하늘 속으로
영원히 편안하려고 떠나갔으니

그곳에서 편안히 잘살 거라!
너 보고 싶은 마음 생겨나면
먼 하늘 바라보며 눈물 지으리……

# 매미의 울음 (1)

울적한 마음 잔뜩 안은 채
열심히 일하는 이 노인에게
무섭도록 무덥던 더위 지나가며
모든 이들을 넉넉히 살찌우는 계절

한 많은 이 노인의 작업장 앞에
구슬프게 울어대는 매미 두 마리
애통하게 슬픈 마음 안겨 주면서
맴맴 내 마음 대신하여 울고 있구나.

# 매미의 울음 (2)

아리하게 찾아오는 가을 손님
매미의 울음소리 너무 아려서
달래며 울지 마라 할 수도 없네

자연에서 어우러진 매미의 울음
내 가슴이 아파와도 참다 보면
가지 말라 애원해도 떠나가겠지.

# 인생 고갯길

그토록 암울했던
내 인생 고갯길
환희의 미소 채 가시기 전
비운의 낭떠러지에 빠져 버렸지

우주 법칙을 생각해 보면
달이 뜨면 뜨는 시간과
지는 시간이 정해져 있듯
인생길 또한 그런 법칙이 있을 줄이야

아직도 나는 깜깜 몰랐다가
이제야 우주의 빗길 속에서
헤쳐 나갈 엄두도 못 냈는데
인생 고갯길에서 깨닫게 되었지.

# 고함 소리 (1)

현실에서 꿈속으로
불행에서 기적으로
행복에서 불운으로

감격의 전율 속에
즐거운 환희 속에
천지가 무너지며
지옥에 타는 심정

마지막 들려오는
우렁찬 고함 소리
쌍용의 푸른 눈빛
터질 듯한 고함 소리.

# 천둥소리 (1)

많고 많은 인생길 걸어오면서
언젠가는 좋은 길 있을 줄 알고
열심히 기를 쓰며 살다 보니
행복이란 문지방에 들어섰는데

너무나 서글픈 일 닥치고 보니
불쌍한 나의 운명의 여신 앞에
자식의 영전 앞에 고함칩니다

부모 잘못 만난 내 아들
못난 이 아비 찾아와서
남들처럼 잘살아 보자고
그토록 기 쓰며 일하던 내 아들아!

밝은 세상이 이제 막 찾아올 즈음
너의 처자식 어쩌라고 그냥 간단 말이냐?

세상 살면서 고통받아도
너의 처자식은 어쩌란 말이냐?

## 천둥소리 (2)

불행했던 젊은 시절에도
나에게는 특별한 결심이 있었고

열심히 살려고 발버둥 치는
땅 짚고 일어서는 용기도 있었는데

아비 잘못 만난 아들 모습은
항시 잔뜩 흐린 하늘이었고

이 아비가 너무 원망스러운지
큰 우박 섞인 빗물이 되어

사정없이 아린 나의 심장을
뼛속까지 파고들다가

운명 앞에 불복하면서
우리 아들 비극으로 끝났다네.

# 천둥소리 (3)

가슴에 품고 있던
큰 별을 떠나보내고
실의에 빠진 이 노인

우주에는 수없이 많고 많은
별들이 살고 있는 줄
이제야 뒤늦게 깨달았는데

크나큰 아들별 잃은 후
우주의 모든 별들이
내 가슴으로 계속 찾아와
한 번 더 마지막 용기 내어보라고……

# 천둥소리 (4)

온 세상 만인이 귀감 되도록
힘이 되고 뒷받침되어 줄 테니
꼭 해내라고, 아우성인데
나는 그만 나락으로 빠져 버렸네

언제부턴가 균형 잃은 수평선
지탱하지 못한 이 노인은
암울한 별나라에 살면서
외로운 별에 부딪치고 말았네.

# 천둥소리 (5)

지나간 과거
단련된 노인인데
또다시 시작할 도전
목적이 생겨났으니
이번에는 마지막 결심

불행한 며늘아기
아비 잃은 나의 손녀딸이
기필코 행복할 수 있는
뒷받침되기 위하여
나의 결심 꼭 지켜 내리라.

# 천둥소리 (6)

기막힌 나의 인생사
지금까지 주위를 살펴보니

인간에게 가장 소중한 복 중에
부모복, 형제복, 처복, 자식복

어디 한 가지도 가져 보지 못한
가장 불행했던 노인은 또다시
바다로 추락하고 마는 유성처럼
마지막 잔광 뿌리는 공간에 섰네.

# 우리아들 영영 떠났다고

무심히 지나쳐 버렸던 먼 옛 시절
울릉도 저동항에 살고 있을 그때에
어느날 어린 아들 낚시질 가자기에
하던 일 접어 두고 함께 갔었는데

아들 손에 낚시 잡고 줄을 던졌는데
아빠! 큰 고기 잡았다고 환호성 치다
에그머니! 그냥 놓쳐 버리는 그 순간
엉엉 울어대던 그때 우리 아들 모습

그랬던 네가 무엇 때문에 지금 와서
너의 처와 딸까지 슬프게 울리면서
이 늙은 아비 탄복하게 만들면서
그냥 매정하게 훌쩍 떠나갔느냐?

# 공장 소리

나와 함께 동행했던
나의 기계 소리가
이렇게도 변할 줄이야

잘잘잘 다르륵 다르륵~
나의 심장에 울려 퍼지는
슬픈 소리 잘 잘 잘 잘~

아프고도 애절하게
곡조 되어 들려오는
애도 깊은 공장 소리.

# 슬픈 이야기

흘러가 버린 시냇물
되돌려 올릴 수만 있다면

흘러가 버린 과거
다시 찾을 수만 있다면

오오! 나의 슬픈 이야기
아아! 나의 기막힌 사연

모두 지울 수 없는 아픔인데
지금 생각해 본들 무엇하리요.

# 가을바람

스산한 가을바람아
마음의 상처 입은 나에게
치유시킬
시원한 가을바람

고마운 가을바람
모든 만물들이
살찌우는 고운 바람
그렇게 변하여 주기를

너에게 호소하고
또 한 번 애원하니
마지막 이 노인 위해
고운바람 되어 주기를……

제 3 부

# 남은 수액

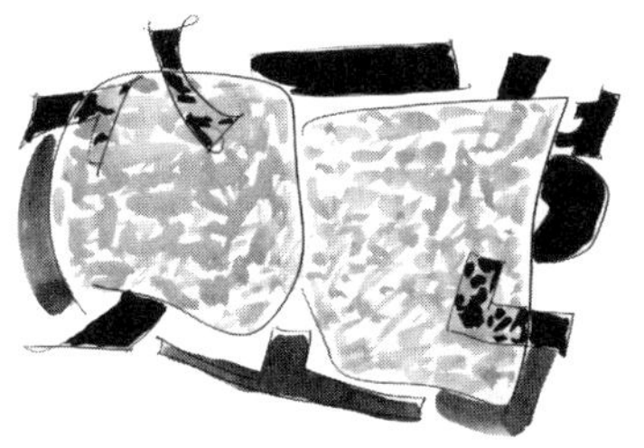

*이 고목 또한*
*크고 좋은 일에*
*꼭 필요할 때가 있겠지.*

# 남은 수액

이 몸이야 비록
고목으로 변했지만
몸속 깊은 곳에
쌓이고 고여 있는
진한 수액은
아직 많이도 남았는데

남은 수액 뽑아내
귀중한 그곳에는
꼭 쓸데가 있으니
이 고목 또한
크고 좋은 일에
꼭 필요할 때가 있겠지.

# 숙련된 연마 기술자

나는 전생에 희비극에
연마기술자 달인인가
아니면 기구한 현실 속에
노련한 연기자란 말인가?

밝음으로 시작하여
암흑 바다 헤매다
청년 때 예쁜 님을 만나
아가별 탄생시키며
즐겁던 날이 금방 지나고

노인이 된 후에야
행복의 순간은 잠시뿐
산처럼 큰 불행에 빠져
크나큰 고통에 시달리지만
그러나 나는 숙련된 연마 기술자.

# 인생 바둑판

길 없는 가시덩굴 벗어나
한숨 돌릴 틈도 없이
설상가상의 길 또 나타났지

인생 바둑판 걸어오며
조금만 더 참다 보면
밝은 곳이 나타날 테지

마지막 한판 승부
다 이겼다 할 순간
또 바둑판에서 밀렸지만

마음 가다듬고 살펴보니
크나큰 인생 패싸움은
아직도 남아 있는걸.

# 세계 최고 신기록

나의 귀중한 보배였던
내 사랑하는 아들을
구름처럼 흘러 보낸 후
새로운 도전에 생명 걸었지

세계 특유한 나의 기술로
기네스북에 올릴 열정으로
나의 천막사업과 시를 쓰며
세계 최고 신기록 세워 갈 거야.

# 눈물 섞인 빗물

마지막 찌는 무더위
온 산야를 태워 버릴 듯
숨이 꽉 막히는 산야에

나를 불쌍히 여긴 하늘에서
눈물 섞인 빗물이 몰려오면서
온 지상을 하염없이 적셔 주네.

# 돈키호테처럼

특별한 어느 노인은
머나먼 인생길 여로에서
당당하게 걸어가던 여름날

갑작스런 비보를 받고
비극무대에 통곡하다가
강직한 정신력에 참으며

기구한 인생길 개화시켜
인간 승자로 거듭나도록
돈키호테처럼 탈바꿈하네.

# 아비 닮은 것도

내 인생 망쳐 버린 건 술
나는 술에 발버둥 치면서
수없이 결심한 못난이였지

뒤늦게나마 울 아들과 함께
보람의 천막사업 시작하면서
술이란 존재를 떨쳐 버렸지

확고한 결심으로 지금까지
술을 완전히 잊고 살았는데
이게 웬일인지 우리 아들이
그놈의 술이란 덫에 걸렸지

하여 어느 날 갑자기
먼 하늘로 떠나갔는데
제 아비를 닮은 것도
아마 제 탓이겠지.

# 허리케인

어느 날 갑작스런 회오리 돌풍 속에
칠십삼 년이나 된 밤나무 두 그루가
송두리째 뽑혀 바람과 함께 사라졌지

나는 두 밤나무를 보며 생각하기를
허리케인보다 더 지독한 바람이 닥쳐도
기필코 나는 빨려 가지 않으리라 결심.

## 약속한 맹세

너무나 어이없이 생긴 일
시간 지나면 지나갈수록
왜 이리 아프고 아려 올까

이 세상 그 어디에도
지옥의 유황 불속이라도
내 속보다는 못하겠지만

이렇게 아파올수록
아들 영전에서 약속한 맹세
꼭 참고 견디며 지키리라.

# 너를 위하여

수많은 관광객들 찾아오는

서해의 유명한 보령 땅에

이 아비 유명시인 만들려고

훌쩍 떠나 버린 너를 위하여

나의 영혼 굳건히 글을 쓰리라.

# 고목 한 그루

허리케인 같았던
회오리 지나가고
오랜 세월 겪은
고목 한 그루

회오리에 견디다가
나뭇잎 모두 잘려 나가
몸통만 남아 있는데

언젠가 그 세월 다시 온다면
민둥산 나무에 새싹이 나와
새파란 나뭇잎 펼쳐 내겠지.

# 우주의 원리

그토록 암울했던 인생 곡예길
고행 끝에 보람이란 문턱에서
비운의 낭떠러지 빠져 버리며
헤쳐 나갈 엄두 내지 못했지

우주의 법칙을 생각해 보니
달 뜨고 지는 시간 따로 있듯
나의 인생 또한 그런 것일 줄
예전에 미처 몰랐답니다.

# 할배별

지구상에 못난
아빠별이 살고 있었지

엄마별 만나서
아들별만 고생하였지

아빠별 엄마별은 이별하여서
아들별 가슴속에 상처 입혔지

많은 세월 흐른 후에
열심히 기를 쓰며 참고 살다가

어쩌다가 너는 처별과 딸별 두고
하늘로 갔으니 이제 할배별이 울었지.

# 오뚜기 인생

넘어지면 또다시
오뚜기 인생
수없이 반복하며 살아왔었지

이번에도 확실히
버티어 낼 줄 알았는데
완전히 넘어져서 침몰되었지

그러나 이 노인 오뚜기 숙명
또다시 땅 짚고 우뚝 서서
천하를 호령하는 노인 되겠지.

# 노인의 능력

인간 능력은 지혜라면
우리 모두 늙고 나서
발휘하지 못할 줄 알았지만

괴팍한 어느 노인은
정말 어디까지가 한계인지
자기 자신한테도 깜짝 놀라네.

## 아슬아슬한 길

환한 길 어둔 길
어여쁜 동산 길
가시덩굴 험한 길

그런데 나의 길은
곡예사가 줄 타며
아슬아슬한 묘기 길.

# 인생길

야망과 절망
그리고 희망
좌절과 불행
도전과 행복

약하고 강한 듯
중간쯤인 듯
아주 심한 듯
아주 모난 듯

이 세상 누구나
인간세상 그렇게
겪어보지 않은 이
정말 몇 명이나 될까.

# 창공 위에

무거웠던 불덩어리
녹일 듯한 더위였지만
스산한 틈새 비집고
가을바람 찾아 들었네

저 높은 창공 위에서
천하를 바라보면
얼마나 멋진 경치일까

창공에서부터
탄성 터지는 노랫소리
들릴 듯 말 듯
가냘프게 들려오는 듯.

# 꽃길 걸으며

나를 사로잡는
시원한 가을 앞에
피어 있는 코스모스

유혹하리만큼
곱고 위풍스러운
국화꽃 바라보며

지금 이 꽃처럼
나를 바라보는 시선을
꼭 사로잡게 되리라.

## 먹물 되어

언제부턴가
촉촉한 내 마음
흙물이 되었다가
진한 먹물로 물들었지

잠시도 쉬지 않고
더 진하게 갈고 닦아
진실한 시를 적어
세상에 펼쳐 내려고……

# 늙어 버린 독수리

높은 산 절벽에
둥지 틀어 사는
늙어 버린 독수리

눈빛이 흐릿해지고
부리도 뭉뚝해지고
발톱도 비뚤어지게
변해 버린 독수리

그러나 구애 안 받고
절벽에 찰싹 붙어서
수명대로 날개 치면서
지혜롭게 사는 독수리.

제 4 부

# 시인이 으뜸이다

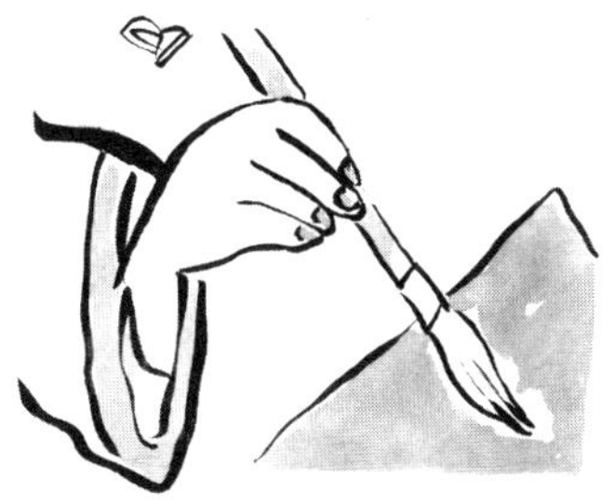

*나의 진정한 대상은*
*'시인이 으뜸이다' 라고!*
*나는 새롭게 눈떴지요.*

# 시인이 으뜸이다

달처럼 아름다운
대상을 보았을 적
상상 속의 여인상
그땐 장님이었는데

하지만 세월 지난 지금
나의 진정한 대상은
'시인이 으뜸이다' 라고!
나는 새롭게 눈떴지요.

# 글을 찾아내는 노인

전국 어느 도로마다
젊은 청춘 노인까지도
고급 차에 몸을 맡겨
신나게 달리는 이 시대

하늘 제트비행을 하며
별나라 가는 이 시대에
특이한 성품 이 시인은
다채로운 길을 달리는데

가는 길마다 엇갈렸지만
가끔씩 무지갯빛 발휘하는
글을 창조하는 질 주 자!
이런 노인 또 어디 있으랴……

# 남은 여생 열심히

나의 공장에 찾아오는
여러 손님들이 묻는다.

여보시오! 시인 선생님!
얼마나 사시려고
그토록 밤낮없이
열심히 일 하시오? 선생님!

그러나 나는 서슴없이
같은 말로 당당하게 되묻는다.

여보시오, 젊은 양반!
이 시대에 최고학부 나와서
편한 직장 찾아다니며 빈둥빈둥
허세 부리는 모양새보다 좋지 않소?

이 노인도 지금 할 일 많은데
좋은 일만 찾지 말고 부지런하면
나보다 훨씬 좋은 자리에 가지 않소?

이 노인은 일할 젊은이가 없어서
젊은 사람들 대신 뜨눈으로 지새며
남은 여생 열심히 일하고 있지 않소?

# 새로운 출발

깜깜한 암흑으로 빨려 들었던
그날이 지난 후 창살에 꽂힌 듯
고통 속 시간이 흐르고 지나며
또다시 나에게는 새로운 출발

흙빛 암흑 색상 지워 버리며
정면 돌파만 생각하다 보니
파란 하늘보다 더욱 밝은 색상
이제는 앞만 보며 살아 볼 거야.

# 새로운 희망

내 마음속에
님이 있으며
새로운 희망에
줄 잡고 있으니

최고봉 속에
화산이 솟구치며
내뿜는 빨간 불이
모든 만물 집어삼키듯

한 치의 동요도
조금도 양보 없이
나의 목표 향하여
힘차게 돌파하리라.

# 알 것 같구나

아아! 알 듯 말 듯
칠십여 년이 흐른 이후
이제야 비로소 알 것 같구나

아렸던 내 마음
수없이 겪었던 시련들
이제야 뒤늦게 알 것 같구나

이제야 주변에 맴도는
진정의 그 뜻 어디 있는지
이제야 글 쓰며 알 것 같구나.

# 나의 삶

즐거웠던 순간들이
나의 육신 밖으로
야속하게 사라지다가

지독한 추위가 지난 후
따스한 봄기운에
다시 돋아나는 새순들

이제서야
나의 삶이 무엇인지
나중에 그걸 알게 되었네.

# 21세기

21세기 들어서자
인간의 모습
조금씩 진화되면서
21세기는 인간 문명화
180도 바뀌졌는데

노인 되는 모양새
바뀌지지 않고는
늙어서도 사회 역군으로
열심히 살아가는 것 또한
21세기이었기에.

# 왕노인

수없이 많은 세월
유수처럼 흐른 세월
깜깜한 야밤 속에서
보름달이 될라 할쯤
먹구름이 몰려와서야
아무도 상상 못 할
큰 암시 받고 나니
그 환한 달을 보며
새로운 뜻에 기도하는
왕노인이 되리라.

# 눈꽃 아닐까

어려운 시절에도
여러 가지 고운 꽃
정성으로 펼쳐 내는
겨울 사람처럼

내가 바로
사계절 배회하며
우여곡절 넘겨 가며
서리 맞고 피워 낸
눈꽃 아닐까.

## 오성 별 붙었으니

첫 시집 내고 나니
하늘 높은 곳에서
축전을 받게 되며
하아얀 백마 타고
하늘을 나는 기쁨

아아! 이것이
어찌된 영문인지
행복한 어느 노인
내 시집 앞자리에
오성 별 붙었으니
더욱 알 수 없구나.

* 오성 별 : "행복한 어느 노인" 첫 시집에 누군가가 별을 올려 놓은 것.

# 님이여

첫째가 큰님 보내고
어리둥절 절망감에
좋은 일 생겨나도
느껴 본 적도 없었고

두 번째가
날 버리고 떠난 님
사랑스런 자녀마저
엄마 따라 모두 떠나갔었지

세월 지난 후
최고 보배님(아들) 찾아와
나의 품에 안겨 들을 때
너무 좋아 둥실 둥실 두둥실~

이루어진 소원은 다시금
으뜸 보배와 *사별하고
절망과 고통 견디던 끝에
애달픈 한숨만 내뿜고 있네.

* 사별 : 지난여름에 아들 잃음.

# 기구한 운명

뒤돌아볼 틈 없이 열심히
돈 벌어 남처럼 행복하려고
이 나이 지금까지 계속
일 속에만 묻혀 살아왔었지

이제 와서 내 가족 등 돌리니
오오 슬프도다! 내 팔자여!
특별히 기구한 나의 운명
소낙비가 지나가는 인생이던가!

## 이를 악물고

너와 나는 가난에서 벗어나려고
온갖 연구 온갖 방법 찾아내면서
남들이 하찮다고 비웃든 말든
공장에 수많은 고생으로 얼룩졌었지

그런데 너 떠난 그 후에도 더욱더
이토록 많고 많은 일들이 몰려드니
너와 내가 고생한 게 너무 아쉬워
너 없는 공장에 너만 생각한단다.

# 동그라미 놓치고

젊은 시절
그토록 잡고 싶었던
동그라미 놓치고

재도전하여
겨우겨우 잡았던
그 동그라미

마술사 되었어도
잡히지 않는 그것을
이젠 그만 버려야겠네.

# 아들 이야기

찜통더위 어느 여름
작업 중 땀에 흠뻑 젖어

나의 소중한 보배(아들)
한마디 던진 그 한마디

아버지 한평생
시원한 계곡에 가신 적 있어요?

팔자 좋은 사람들 이야기가
나의 귓전에 울리고 있다네.

# 돌아가는 노랫소리

자륵~ 자르륵~
연속 돌아가는
나의 기계 소리

이 노인이
전진 전진
또 전진! 전진!

수동으로 정면 돌파
힘차고 용기 있게
돌아가는 노랫소리.

# 스승의 날

어느 한순간
최악의 불행 속에
추락하고 말았는데

오직 마지막 희망
찬란한 그 빛
전능하신 하느님

그리고 존경하는
글 쓰는 스승님
희망 백 배 부추겨 주시네.

=오월 스승의 날 맞아
'최양희' 스승님께 은혜 보답의 글=

# 동행하는 여인

최고의 기계 소리
잠시도 놓치지 않고

공장에서 마주하며
빈틈도 없이 일하는

순수한 보조 아줌마
힘들 때면 머리 드는데

미안한 마음과 함께
젊은 시절이 떠오르네.

# 이제는 기술 사랑

화폐에 묻혀 버린
나의 사랑아
화폐를 찾아내어
내 품속에 묻고 싶었지

진정한 그 사랑
화폐 속에 놓쳤지만
애타게 기다리는
화폐 속의 내 사랑

지난 세월 화폐 사랑
아직도 생각나지만
이제는 기술 사랑이
내 인생 전부인 것을.

# 나의 사랑들

사춘기 시절부터
시작한 나의 사랑은
문학 속에 들어 있는
그런 사랑이었고

영화 속에 주인공은
짝사랑으로 끝나다가
청년 되어 만난 사랑
바로 나의 부인이었지.

# 무지갯빛

어머님의 그 품속
보고 싶던 그리움
영원히 갈망하며
꿈속을 헤매는데
원망과 서러움에
소리쳐 불러 봐도
여운으로 번지면서
아롱지게 떠오르는
밤하늘의 무지갯빛.

## 따뜻한 봄처럼

이 노인 심중에는
하얀 노랑 분홍 빨강
시리도록 눈부신
아름다운 사랑의 꽃

온갖 꽃들 피어나는
꽃봄 천지처럼
소원대로 피워 보려
꽃동산을 꾸며 보네.

# 나의 손녀딸

별빛과 함께 떠나 버린
소중한 우리 아들

말 한마디 던져두질 않고
유성처럼 훌쩍 떠나갔으나

너무 불쌍한 나의 손녀딸
그래도 하나는 남기고 떠났구나.

# 소중한 나의 손녀

지금까지 살면서
가슴속에 숨어 있는
최고의 내 소원은

그것은 바로
소중한 나의 손녀
행복하게 지켜 주고 싶은 것.

# 제 5 부

# 자빠지면 또 어떠랴!

*자빠지면 또 어떠랴!*
*내가 가는 이 길은*
*즐거움 그 자체인데.*

# 자빠지면 또 어떠랴!

늙었으면 어떠랴
야밤이면 어떠랴
새벽닭 울면 어떠랴

아무도 하지 않는
특별한 나의 길
끝까지 달려가다가

자빠지면 또 어떠랴!
내가 가는 이 길은
즐거움 그 자체인데.

* 처녀시집 〈행복한 어느 노인〉을 2015년 6월 출간한 이후 두 번째 시집 〈내 인생 정면 돌파〉 출간을 위한 집념에 나는 내 인생 전부를 쏟아 붓는다. (2016. 5. 21)

# 시상으로 몰입

사랑이 피어날 때
숲 속을 헤매면서
온몸 가시에 찔려
아픈 상처 입은 적 있었지

이젠 석양의 뒤안길
아득한 사랑의 꽃
피울 수 없지만

그래도 나는 그대로
앞동산 바라보며
진실의 꽃 피워 보려
시상으로 몰입하네.

# 특종봉제기

고속으로 달리는 특종봉제기
재빠른 손놀림에 잘도 맞추어
일하는 족족 계속 돌아가는데

이 사연에는 사랑도 있었고
이별도 함께했던 시련의 증표지만
나는 지금도 시상을 틀에 맞춰
나의 분신 특종기계와 함께한다네.

* 특종봉제기 : 천막 꿰매는 미싱기계.

# 모르겠노라

아아! 모르겠노라
정말 알 수 없어서

아아! 아무도 모르지만
천상의 엄마는 혹여 아시려나?

내 인생 이렇게 전개될 줄
전능하신 하느님도 아시려나?

내가 왜 이렇게
참담한 시간이 지속되는 것을.

# 나는 찾아가리다

나는 찾아가리다
도망 다니는 너를

지구 속에 있는 곳
그 어디까지든

나의 두뇌 속에는
시상(詩想)의 영적나라

나는 찾아가리다
아직 찾지 못한 시(詩) 찾아……

# 제비야

올해는
제비마저 안 보이니

벌써 사월이 지나는데
아직까지 볼 수 없으니

제비야
내 슬픈 모습 보기 싫어서

너희들마저도
무심하게 딴 곳에 피하였느냐.

* 이곳 대천항은 작년까지도 수많은 제비들이 찾아왔지만
이 노인 모습 보기 싫어서 오지 않는 무심한 제비들.

# 초원의 빛

언젠가는
초원의 빛 펼쳐지는

그 높은 곳에
평온을 찾아

곡조 맞는 시를 지어
내 님과 함께 노래하리라.

# 태양처럼

태양과 함께 달리는
이 세상 모든 사람들

부모님 몸에 탄생되어
동쪽바다 저 태양처럼

시간 지나면서 서서히
서쪽 하늘에 노을 만드는

우리네 인간사 그리 되겠지
누구나 태양처럼 사라지겠지.

# 너 찾아가련다

사랑하는 나의 행복이
잠시 머물다 떠나갔는데

인정사정 두지 않고
매정히 훌쩍 떠나갔는데

가여운 아들 너를 찾아
내 인생돌파로 꼭 찾아가련다.

# 옛 추억

통영초교 3학년 시절
모교인 이순신 장군님의
훈련생 가르치던 그곳 세병관

몹시도 비바람 치던 날 그곳
비바람 몰아치는 교실 밖에서
세병관 기둥 잡고 있는 여학생

저와 미영이는 서로 껴안고
엉엉 울었던 그때 그 순간
지금도 그 추억 더듬어 본다.

# 나의 길

살기 좋은 이 시대
귀한 자신의 옥체
짓밟고 학대하면서
왜 살아가시는지요?

자유로운 이 세상에
내 몸 내 마음대로
도전하는 정신으로
성공 찾아가는 길이지요!

# 하루의 스케줄

우리 공장에 보조 직원 3명
교대 시간 9시, 출근 오후 5시
제2 보조 직원 교대, 야간 9시
제3 보조 직원 교대, 야간 11시

직원 없는 텅 빈 공간에
야밤중엔 마무리 작업 시간
나의 퇴근 시간은 0시 30분
때론 새벽닭 울 때 퇴근인데
이것이 나의 정신 하루 스케줄.

# 고령화 사회

지금은 고령화 사회
백전노장님께 올리는 말 한마디

초고속 변모되는 이 시대에
노후 대책 놓쳐 버린
고령의 수많은 님들이시여!

이 노인마저도
세상살이 힘에 겨워
노후 대책 미처 하지 못했지만
후회한들 무슨 소용 있으리까

백전노장이란 노하우가 있는 법
우리 극복합시다! 힘을 합하여.

## 울고 울었네

보고팠던 나의 님들
큰 님, 중앙님, 막내님!
너무 그리운 나의 님들
한번 만나볼 수 있다면

아아! 눈물 보이기 싫어
아무도 보지 않는 곳에
너무나 슬프고 아파서
한없이 울고 울었네.

## 진실한 벗

글(詩)님에게
나의 님 되어 달라
수없이 칭얼대었지

글[詩]님은 귀찮은 듯
아니면 안쓰러워서
가끔씩 응해 주더니

지금은 글님이 찾아와
진실한 벗이 되면서
나를 고통에서 구해 줬지.

# 남은 시간

이토록 큰 죄인인 내가
무슨 원망할 수 있으랴

모두 꼬여 버린 과거사
늦게나마 철드니 다행

이 세상 누구보다 더욱더
남은 시간 모두 아껴 쓰리라.

# 인간 승리자

땡전 한 푼 없는
빈털터리들
그들은 열심히 살았기에
재벌 되었지

무에서 유를 창조하는
성공한 자들
나도 노력의 인간 승리자로
태어나야지.

# 축하 메시지

나는 몰랐었다
무슨 영문인지

백여 명의 메시지
나의 첫시집
"행복한 어느 노인" 시집 보며
축하 메시지

팬님들이
극복하시어
용기 내시라! 힘내시라!
인간 승리 외치시라! 고.

# 신비로운 세상

현실 세계가 이렇게
신비로운 세상이 있을 줄

어둠은 내 뒤에 숨었었기에
보이지 않을 일들이 다시금

신비로운 색깔들이 차츰차츰
밝고 찬란한 그 빛을 비추며

나에게 그립던 여인 안기듯
외로운 나에게 바짝 다가섰네.

# 나는 누구인가

나는 서해천막 사장인가!
늦깎이로 태어난 시인인가!

그 짧은 시간도 쉬지 않고
침몰선에 탈출하여 돛단배 띄우니

오색 깃발 휘날리는 나의 선박
날마다 글을 쓰는 나는 누구인가.

# 서해의 불덩어리

서해 바다 지평선에
사라졌다가 솟구치는 불덩어리

수억 년 동안 반복하며
오늘도 솟았다가 사라지는데

내게도 지옥과 천국으로
희망과 좌절의 연속이지만

아직도 나는 서해의 불덩어리
누구도 할 수 없는 빛을 만드네.

* 서해 바다는 바로 나의 서해천막사 뒤에 있음.

# 오성 별 (2)

내 공장 앞 밤하늘
수많은 별들처럼
수많은 일감 몰려오는데

이 불경기에
기적을 일으키는
시인의 서해천막공사

"행복한 어느 노인"에
오성 별이 떠 있는 걸
아는 지인들이 전해 준 것을.

* 행복한 어느 노인 : 필자의 첫 시집 제목

# 죄송한 마음

온 세계가 불황에서
벗어나려는 경쟁 속에
불황돌파 혈안 되어
모든 인재와 두뇌가 총동원

나의 '서해천막공사' 는
엄청난 일감이 들어와
밤낮없이 일해도
70%는 되돌려 보낼 때
고객님들께 고개 숙여
죄송하다 아룁니다.

## 전국에 소문나서

너무 많구나!
내 인생 해결할 일과
내가 가고 있는 이 길이

이곳 서해천막은
전국으로 소문나서
밀물처럼 몰려오는 일감들
연속으로 피어나는 시상들

하나님의 보살핌인가
시인이란 품격인가
이것이 과연 누구의 은덕일까.

# 양반님 은혜

통영에서 태어나
양반의 발상지인

충청도에 살아오며
양반님들 본받아

문학인의 은혜로
시인으로 태어났네.

# 노인의 모습 (1)

석양에 비춰지는
이 노인의 모습
아리게 비치는데

진주처럼 찬란한
밝고 준엄한 모습
빛나는 나의 모습.

# 노인의 모습 (2)

늙어서도 좋아요
일 많아서 좋아요
귀한 스승님이 좋아요

유명한 관광 명소
대천바다가 좋으며
서해천막공사에
수많은 일들이 좋아요

나의 앞날에 분명
인간 승자가 될 것
생각만 해도 나는
더욱더 좋아요.

# 노인의 모습 (3)

불가능한 현실 속에
희망이 솟구쳐 오르는
용맹스러운 노인의 모습

혈기 왕성한 청년들의
승승장구하는 모습과
너무 닮은 노인의 모습

어디서 어떻게
폭포처럼 쏟아져 나오는지
오오! 활기찬 노인의 모습.

정학산 제2시집
내 인생 정면 돌파

초판 인쇄 2016 년 6 월 15 일
초판 발행 2016 년 6 월 20 일

지은이 | 정학산
펴낸이 | 김효열
편　집 | 이미정
마케팅 | 김효숙 · 김영미 · 박미옥

펴낸곳 | **을지출판공사**

등록번호 | 1985 년 2 월 14 일 제 2-741 호
주　　소 | 서울시 구로구 가마산로27길 24, 319호
우편번호 | 08298
전　　화 | 02) 334-4050
팩　　스 | 02) 334-4010
이 메 일 | ejp4050@hanmail.net

값 10,000원

ISBN 978-89-7566-161-7 03810

* 잘못 만들어진 책은 구입하신 서점에서 교환해 드립니다.